DE
LA RESPONSABILITÉ
GRADUELLE
DES
AGENS DU POUVOIR EXÉCUTIF.

DE LA RESPONSABILITÉ GRADUELLE DES AGENS DU POUVOIR EXÉCUTIF.

Par M. Naudet,

MEMBRE DE L'INSTITUT (ACADÉMIE DES INSCRIPTIONS ET BELLES-LETTRES),
PROFESSEUR AU COLLÉGE DE HENRI IV,
REMPLAÇANT EN LA CHAIRE DU DROIT DE LA NATURE ET DES GENS
AU COLLÉGE DE FRANCE.

PARIS,
DELAUNAY, LIBRAIRE, PALAIS-ROYAL,
GALERIE DE BOIS.
1819.

DE LA RESPONSABILITÉ GRADUELLE DES AGENS DU POUVOIR EXÉCUTIF.

Un état dans lequel les lois ont posé les limites de la puissance du gouvernement et consacré les droits des citoyens, quelle qu'en soit la forme, est un état libre. Mais cette liberté n'est qu'une théorie, tant qu'une loi spéciale, qui doit lui servir de garantie pour la pratique, ne l'a pas réalisée. Les lois constitutives contiennent la déclaration des droits réciproques du gouvernement et des citoyens; une dernière loi en est la sanction : c'est la loi de la responsabilité.

Mais se fait-on une idée juste et précise de la responsabilité en général, et en particulier de la responsabilité ministérielle?

La responsabilité est dans l'essence de l'homme; elle existe avant les cités, avant les lois humaines. Si les lois humaines essayaient de l'abroger ou de la suspendre, elle resterait entière, imprescriptible; elle est de droit naturel. Puisque l'homme est un être doué de raison, puisqu'il a la faculté de penser et la faculté du libre arbitre, il est responsable; il est responsable envers Dieu, envers ses semblables. Dès qu'il entre dans une cité, sa responsabilité se multiplie avec ses rapports et ses devoirs : c'est la responsabilité sociale. A mesure que des conditions nouvelles créent pour lui de nouvelles obligations, il se charge d'une nouvelle responsabilité. Tant qu'il est simple particulier, il n'a à répondre de rien que de ses actions. Je me trompe; la nature l'a fait chef des êtres qui lui doivent le jour; les coutumes civiles constatent ces droits primitifs; elles lui donnent encore d'autres sujets, tous ceux qui entrent dans sa maison et dans sa famille. Il est à certains égards responsable pour ces personnes que la nature et les coutumes civiles ont rangées sous son autorité et soumis à ses ordres, et sa responsabilité augmente en raison de son pouvoir sur chacune d'elles.

Tous les hommes sont donc responsables; et cette nécessité pèse sur les plus grands et les plus puissans plus que sur tous les autres (1). Il n'y a que le despotisme qui, dans un insolent délire, se croie exempt de cette loi commune. Les meilleurs princes ont reconnu qu'ils avaient à rendre compte de leur conduite privée et publique. Lorsque Trajan disait à son préfet du prétoire, en lui remettant l'épée du commandement : « Servez-vous-en pour moi, « si je fais le bonheur de l'empire ; contre moi, « si je l'opprime, » il avouait qu'il était responsable. Mais c'eût été une responsabilité violente, sanguinaire, perturbatrice, conforme

---

(1) « Il y a un commerce ou un retour de devoir du souverain à ses sujets, et de ceux-ci au souverain. Quels sont les plus assujétissans et les plus pénibles ? Je ne le déciderai pas. Il s'agit de juger d'un côté entre les étroits engagemens du respect, des secours, des services, de l'obéissance, de la dépendance, et, d'un autre, les obligations indispensables de bonté, de justice, de soins, de défense, de protection. Dire qu'un prince est arbitre de la vie des hommes, c'est dire seulement que les hommes, par leurs crimes, deviennent naturellement soumis aux lois et à la justice, dont le prince est le dépositaire : ajouter qu'il est maître absolu de tous les biens de ses sujets, sans égards, sans compte ni discussion, c'est le langage de la flatterie, c'est l'opinion d'un favori qui se dédira à l'agonie. » (La Bruyère, *du Souverain ou de la République.*)

d'ailleurs au système du gouvernement romain, à la férocité du despotisme militaire. La responsabilité royale sort de la règle commune. Le Gouvernement est le centre autour duquel doivent graviter sans cesse toutes les forces particulières dont se compose la force publique. Si cette attraction concentrique manquait ou s'arrêtait seulement, on verrait bientôt se désunir et s'agiter en désordre toutes ces forces particulières que tant de volontés diverses, tant d'intérêts personnels poussent en sens différens et souvent contraires; l'Etat dissous périrait. Il faut donc un centre toujours ferme, toujours inébranlable : c'est le prince. Par cette liaison nécessaire de sa conservation avec la conservation de l'Etat, son être est sacré, son inviolabilité légitime.

Placée au-dessus des atteintes de tous ceux qu'il gouverne, mais sans être au-dessus de l'empire des lois, sa majesté ne reconnaît d'autre juge que l'opinion respectueuse des citoyens, d'autre peine que la privation de leur amour, avec les maux qu'elle entraîne.

Cette puissance, par son inviolabilité, serait énorme et dominerait despotiquement, si elle agissait par elle-même et non par l'intermédiaire de ses ministres. Tel est le secret de la machine politique dans un gouvernement représentatif : l'autorité royale est inattaquable et non absolue ; elle est invulnérable en elle-même, et non dans les organes de son action.

Au-dessous de la puissance royale commence la responsabilité judiciaire de tous les autres sujets de la loi, depuis les premiers fonctionnaires du pouvoir exécutif jusqu'au dernier citoyen. Ce qui distingue le gouvernement constitutionnel du gouvernement despotique, ce n'est pas la responsabilité ministérielle, car elle se trouve établie par la force des choses dans tous les deux. Mais la grande différence, c'est que, dans l'un, elle n'oblige qu'envers le prince, et elle est capricieuse et tyrannique ; dans l'autre, elle oblige envers la nation, et elle est régulière et légale.

Les devoirs de chacun étant déterminés par les attributs de sa condition dans l'Etat, et prescrits par les conventions sociales, on a le choix ou d'accomplir ses devoirs, ou d'encourir les peines prononcées par la loi : voilà le principe de la responsabilité. Les devoirs s'étendent et se compliquent en raison de la place et de l'emploi de chacun. Ceux qui n'ont qu'à obéir ne répondent que d'eux-mêmes. Tout homme qui en tient d'autres sous sa direction et sous ses ordres répond de leur conduite et de leurs opérations, jusqu'à ce qu'il prouve, si les devoirs n'ont pas été remplis, qu'on ne peut lui en imputer la faute. En prenant sur lui une partie du fardeau des affaires publiques, en acceptant un pouvoir civil ou militaire, il a reconnu et déclaré qu'il se sentait en état d'atteindre, avec les moyens qu'on mettait à sa disposition, la fin proposée, et de déterminer, de régler le mouvement de tous les ressorts de la machine confiée à ses soins. C'est une responsabilité, non-seulement de probité et de zèle, mais de capacité et de force.

Je trouve, dans un ouvrage (1) récemment publié, d'excellentes vues sur la responsabilité ministérielle. Je transcrirai plusieurs passages de ce livre. Il vaut mieux emprunter franchement ce qui a été bien pensé et bien dit par d'autres, que de le gâter en cherchant à le refaire, ou de se l'approprier par un plagiat.

« On a si fort abusé d'une certaine expression, et le sens en est devenu tellement obscur parmi nous, que, nouvellement introduite dans la langue vulgaire, elle en a presqu'aussitôt

---

(1) *De la Réforme dans la Législation militaire.*

disparu; aussi, n'est-ce qu'avec peine que, dans la nécessité de recourir à la chose, je me vois forcé de rappeler le mot.

« Il faut pourtant y revenir à cette *responsabilité*, dont on a tant parlé, sans l'avoir fait connaître, faute de l'avoir bien connue. Si nous devions toutefois la rétablir encore, et toujours vaine, comme nous la trouvons, autant vaudrait définitivement l'abandonner. Mais il est impossible de s'en passer, et il faut chercher pour elle une théorie qui la rende efficace.

. . . .

« Il est une responsabilité plus réelle; et, pour peu qu'on veuille y réfléchir, elle résulte de la justice distributive elle-même, qui, adjugeant au chef en tout et partout, la palme des succès communs, le charge, par un juste retour, de tout le poids des résultats contraires (1). La responsabilité va donc acquérir une véritable puissance, une force à laquelle il sera difficile de résister, du moment qu'elle cessera de se borner aux actions personnelles.

« Qu'importe en effet qu'un homme ait fait ce que les lois lui prescrivent, qu'il l'ait fait au

---

(1) *Qui sentit commodum, sentire debet et onus.*

temps marqué, qu'il ait pris les précautions indiquées pour en fournir la preuve; s'il borne les devoirs à sa seule personne, ou si, tandis qu'il sollicite l'accomplissement de ces devoirs, au lieu de l'exiger, de l'obtenir des autres, tout le reste, inerte ou indolent, laisse la machine sans mouvement, ou le mouvement sans vigueur (1)?

« Mais, quel sera l'arbitre impartial, infaillible de cette responsabilité ? Les lois règlent la conduite de chacun, et chacun suit le chemin qu'il croit tracé par les lois; la responsabilité viendra-t-elle l'arrêter ou l'effrayer dans sa marche? .... Il y aurait à cela de graves inconvéniens, que l'on évitera en prenant pour arbitre la fin des actions.

« Les juges d'une course ne sauraient asseoir leur opinion durant la course même. Tel part avec plus de vivacité qui arrivera le dernier, et tel autre semble dévier qui, évitant un mauvais pas, arrivera le premier. C'est au but que sont exposées les couronnes; c'est au but que

---

(1) Les élèves d'un collége de Constantinople s'étant insurgés, le Grand-seigneur destitua le recteur. (Fait rapporté par les journaux du 12 mars 1817.) Aurait-on, à Constantinople, deviné la théorie de la responsabilité

les juges attendent les compétiteurs; c'est au but qu'on attendra ceux qui osent se charger du fardeau des affaires publiques; la responsabilité y atteindra chacun en raison de ses pouvoirs; et, en tout et pour tout, la *fin* sera l'arbitre des actions.

« Si c'est là ce qu'on peut appeler la responsabilité, il resterait à en régler l'exercice; et, le premier point, sans contredit, le point le plus délicat, serait la responsabilité du ministre; car, de l'exercice de celle-ci, va dépendre la règle qu'on suivra pour l'exercice de tous les autres.

« Sans préjuger sur la loi à intervenir, quant à la responsabilité ministérielle, on peut se faire une idée de ce que serait la responsabilité d'un ministre de la guerre, portée à son plus haut point dans un gouvernement représentatif.

« Dans les temps ordinaires, un compte général des dépenses, le compte particulier de chaque service (1), un compte moral ou le compte des résultats; les mêmes comptes aug-

(1) Ce compte des opérations exécutées, dans telle ou telle partie, pendant l'année expirée, me paraît avoir beaucoup moins d'inconvéniens que la discussion des dépenses projetées, et il procure, après la première année, les mêmes résultats.

mentés du compte des événemens de la guerre et des événemens en général dans les temps extraordinaires ; le ministre, dans tous les temps, restant sous le poids de sa responsabilité, jusqu'à ce qu'il en soit déchargé par une loi d'indemnité, c'est-à-dire, répondant de tout et pour tous, envers le prince, envers la nation. Responsabilité immense ! qui excède toutes les forces humaines, si l'on ne trouve dans les formes et dans les garanties de quoi en alléger le trop pesant fardeau.

« Et pour ne dire qu'un mot des formes, il y a lieu de croire que l'étendue des droits et des devoirs réciproques sera toujours de mieux en mieux appréciée à mesure qu'on avancera davantage dans la carrière politique, à mesure qu'on fera plus d'attention aux différences entre les mœurs des peuples. En sorte que, loin de débuter en France, à l'imitation d'un peuple voisin, par des attaques personnelles et des préventions dont la réparation ne détruit pas toujours l'effet, on ménagera le caractère du ministre, comme une émanation de la puissance royale, et l'on prendra des précautions pour ne point altérer chez les peuples la confiance dont il est nécessaire que soient environnées les éminentes fonctions du pouvoir exécutif.

« Une de ces précautions, une des meilleures,

peut-être, se trouve dans la sévérité elle-même, dont on usera envers le ministre ; c'est-à-dire, qu'un compte à rendre cessera d'être une défaveur publique, quand il sera périodique et d'obligation constante chaque année, après chaque événement. Tandis que, dans un ordre de choses moins rigoureux, quiconque est appelé pour rendre compte, est déjà un prévenu, dont l'opinion fait un coupable : idées fausses, irréfléchies, qui se rectifieront, quand on aura fait entendre à tout le monde que celui qui a géré pour les autres, doit un compte de sa gestion, de ses opérations.

« Quelque douceur dans les formes résultera donc de la sévérité elle-même dont on usera envers le ministre, et allégera d'autant le poids de sa responsabilité. Mais le plus notable allégement se trouvera dans les garanties qu'il lui doit être permis d'exercer.

« Quand le ministre qui répond de tout et pour tous sera trouvé coupable, et même lorsque le refus de le décharger par une loi fera supposer la possibilité de l'accuser, il est juste qu'il ait la faculté de prouver que les *effets* seuls le constituent en état de prévention, et qu'il puisse, en livrant les coupables, se soustraire lui-même à la haine, à la vindicte publiques. Jusque-là, il est difficile que l'une ou l'autre ne le poursuive pas, et souvent l'une et l'autre. Que, par exemple, le temps de paix ait été mal employé (hypothèse bien éloignée d'aucune application présente), et que la guerre trouve l'Etat sans défense, la campagne sera malheureuse, les provinces seront dépouillées, les finances ruinées : voilà des maux certains, produits par des causes incertaines à la vérité ; mais il faut une réparation à ce peuple qui a souffert. A qui peuvent s'adresser ses mandataires, si ce n'est au ministre lui-même, tant que celui-ci s'abstient de livrer à la vengeance des lois ceux dont la responsabilité doit garantir la sienne ?

« Non-seulement donc il sera permis au ministre d'exercer des garanties, mais il y sera forcé, sous peine de répondre lui-même ; et c'est ainsi que la responsabilité cessera d'être vaine.

« Par une conséquence naturelle, en descendant d'échelon en échelon jusqu'au dernier, chacun répondra de soi-même et de ceux au-dessus desquels les lois l'auront placé, de la même manière et aux mêmes conditions que le ministre. Il restera au ministre à régler les formes, et il tirera de sa sévérité, et par les mêmes raisons, le même allégement pour les autres qu'on aura tiré de la sévérité envers lui.

« D'après un tel ordre de choses, y aura-t-il dans l'Etat un seul homme qui puisse se soustraire à l'obligation de garantir le ministre? La politique le défend, et je ne pense pas que la justice le permette; car, de même qu'aucune puissance ne pourrait soustraire le ministre aux effets de sa responsabilité, de même il est juste qu'aucune puissance n'ait le droit de soustraire à sa garantie ceux qu'un service public aura placés au-dessous de lui, quel que soit d'ailleurs leur rang dans l'Etat.

. . . .

« De cette théorie résulte naturellement la restitution des pouvoirs dans toute leur intégrité, avec toute leur énergie : ces choses sont dans une étroite connexité. L'exécution des lois réclame des pouvoirs; les pouvoirs entraînent la responsabilité, et celle-ci réagit en faveur des pouvoirs et des lois. Des chefs responsables d'eux-mêmes et des autres exigent désormais, par besoin, ce que le devoir leur eût laissé la possibilité de négliger, et ils sont des surveillans d'autant plus attentifs, que les effets font impitoyablement la critique des causes.

« La théorie de la responsabilité est donc, et chacun le sent, une des premières opérations d'un code militaire, comme elle est la première d'un code politique. On pourrait dire que, sans elle, il n'y a point de régime des lois. »

. . . .

Ainsi, les ministres élevés au-dessus de tous, et embrassant toutes les affaires du département auquel ils président, répondent de tous à la fois; mais tous doivent être responsables, envers eux d'abord, et ensuite envers l'Etat, au tribunal duquel ils les appellent en garantie.

On se trompe donc, lorsqu'on se figure la loi de la responsabilité comme une sorte d'hostilité contre le ministère; elle n'est que la définition et la sanction des devoirs de tous les délégués et de tous les agens du pouvoir exécutif. Elle fait la sûreté des ministres; elle pourvoit à leur tranquillité; elle doit leur inspirer une juste sécurité, une vertueuse confiance. Elle n'est pas plus menaçante à l'égard des ministres en général, que les lois de l'Etat vis-à-vis des autres citoyens. Toutes ces lois protégent les bons contre les instances illicites, les violences, les usurpations des méchans.

Il faudrait donc, avant de rédiger le titre de

la procédure et des dispositions pénales, instituer ce grand système et cette hiérarchie de la responsabilité des magistrats et des officiers publics de l'ordre judiciaire, administratif et militaire, il faudrait en prescrire le mode et les formes. On rendrait à la responsabilité son vrai caractère, son véritable objet, si l'on commençait par la convertir en une reddition de compte ordinaire et périodique, au lieu de ne la mettre en usage que par une accusation. A Rome, tant que la liberté ou seulement les formes d'un gouvernement libre subsistèrent, nul n'exerça les fonctions de la magistrature, qu'il ne dût rendre compte de sa gestion (1). C'est une loi

(1) « Le préteur informera contre celui qui, ayant été proconsul ou préteur, ou ayant exercé une autre magistrature, n'aura pas laissé ses comptes déposés aux archives de deux villes dans sa province, n'aura pas remis le même compte, dans les mêmes termes, au trésor public (à Rome), et aura tardé plus de trente jours à faire la déclaration des bénéfices accordés à ses subalternes. (*Leg. Corn. et Jul.* de repetundis; *apud Sigon. de Judic.* II, 27.)

« Un des plus utiles établissemens en ce genre, est une Chambre des comptes que l'on renouvelle tous les ans dans l'assemblée générale du peuple, et qui est composée de dix officiers. Les archontes, les membres du sénat, les commandans des galères, les ambassadeurs,

équitable, que tout procurateur rende compte à ceux dont il administre les affaires, et ne prétende point qu'on lui accorde une confiance aveugle, une licence sans bornes. Les Camille, les Fabius, les Paul-Emile, en sortant du consulat ou de la préture, comparaissaient devant le sénat et le peuple, et ils expliquaient ce qu'ils

---

les aréopagistes, les ministres mêmes des autels, tous ceux en un mot qui ont eu quelque commission relative à l'administration, doivent s'y présenter, les uns en sortant de place, les autres en des temps marqués, ceux-ci pour rendre compte des sommes qu'ils ont reçues, ceux-là pour justifier leurs opérations, d'autres enfin pour montrer qu'ils n'ont rien à redouter de la censure.

« Ceux qui refusent de comparaître ne peuvent ni tester, ni s'expatrier, ni remplir une seconde magistrature, ni recevoir de la part du public la couronne qu'il décerne à ceux qui le servent avec zèle; ils peuvent même être déférés au sénat ou à d'autres tribunaux, qui leur impriment des taches d'infamie encore plus redoutables.

« Dès qu'ils sont sortis de place, il est permis à tous les citoyens de les poursuivre. Si l'accusation roule sur le péculat, la Chambre des Comptes en prend connaissance; si elle a pour objet d'autres crimes, la cause est renvoyée aux tribunaux ordinaires. » (Barthélemy, *Voyages du Jeune Anacharsis*, ch. 15.)

avaient fait, et les raisons qu'ils avaient eu de le faire. C'était une des conditions de leur charge, et non une ignominie. La monarchie constitutionnelle est aussi un gouvernement libre, et les fonctions publiques n'y sont point d'une autre nature : la seule différence est que, dans une république, les dignités sont ordinairement annuelles, et toujours temporaires (1), et, dans la monarchie, leur durée est illimitée. Mais si l'on établissait la coutume de rendre un compte spontané, à des époques fixées, on se rapprocherait des idées plus sages des Romains sur cette partie du gouvernement. La responsabilité deviendrait un devoir régulier, un complément des opérations de l'homme public; elle cesserait d'être une présomption injurieuse. Mais, dans tout état de choses, elle ne peut point n'être pas regardée comme une obligation : obligation libérale, obligation tutélaire pour le ministre lui-même, pour lui avant tous les autres!

La condition du ministre, dans un gouvernement constitutionnel et représentatif, parti-

---

(1) Il était défendu de mettre un magistrat en jugement pendant la durée de son office. (*Sigon. loc. cit.*)

cipe de deux caractères différens, qui modifient sa responsabilité dans ses rapports avec le roi et avec la nation. Chose singulière! la responsabilité l'affranchit de la domination de celui à qui il obéit, et le soumet aux droits de ceux à qui il commande.

Dans sa qualité de ministre, il est essentiellement dépendant du roi. Comme créature et comme instrument, son existence est assujétie à une responsabilité arbitraire; car le roi peut le destituer sans jugement, sans explication, seulement parce qu'il l'a voulu. Mais, dans sa qualité de citoyen, il ne dépend que de la loi, il n'est justiciable que du tribunal de la nation. Le roi, tout-puissant pour détruire le ministre, ne peut rien, sans les formes légales, pour punir l'homme rentré dans l'état de simple citoyen. Si le ministre ne veut point exécuter les ordres du roi, il le peut en déposant le ministère. C'est une grande puissance que la liberté de la démission, pour un ministre sage et consciencieux; c'est la première prérogative ministérielle, ou plutôt c'est la prérogative du citoyen dans un état libre : et l'on peut dire, dans ce cas, que le ministère a aussi son inviolabilité.

Dans une monarchie absolue, lorsque le

prince a donné un ordre, si le ministre ose se retirer en refusant de lui prêter son service, on ne voit dans sa conduite que la désobéissance d'un sujet, qu'une rébellion. S'il a déplu au souverain, s'il a encouru sa disgrâce, le souverain peut l'envoyer en prison, confisquer ses biens, le bannir, l'ensevelir dans une éternelle captivité, le livrer au supplice sans forme de procès, ou (ce qui est pis encore, parce que l'arbitraire se couvre alors d'une apparence de justice) par le jugement d'une commission. S'il y avait eu une responsabilité constitutionnelle au temps de Louis X, Enguerrand de Marigny n'eût point été victime de l'inimitié de Charles, oncle du jeune roi. S'il y avait eu une responsabilité constitutionnelle au temps de Charles VII, Jacques Cœur, après avoir aidé le roi par son industrie, comme les guerriers par leurs armes, à délivrer la France, ne serait pas mort sur un échafaud. S'il y avait eu une responsabilité constitutionnelle au temps de François Ier, le malheureux et vénérable Samblançay n'eût pas expié au gibet de Montfaucon sa faiblesse pour une princesse impérieuse et puissante, lorsqu'on voyait Duprat jouir impunément de ses infamies et de l'indignation publique.

Tant qu'un ministre ne préfère pas l'ambition à l'honneur, la fortune à la vertu, les dignités au devoir, tant qu'il marche dans le sentier tracé par la loi, sans qu'aucune séduction puisse l'en détourner; s'il sait enfin cesser d'être ministre avant de cesser d'être honnête homme et bon citoyen, il est maître de lui, il est maître de son sort; il n'y a point de puissance dans l'Etat dont il ait à craindre les persécutions ou les vengeances : la loi le protége.

Mais cette loi qui le protége, cette loi qui lui garantit la sécurité de la démission et l'asile de la condition privée; cette loi qui lie à sa cause, par des nœuds plus étroits, tous ses subordonnés, et qui lui donne un plus fort ascendant sur eux, cette même loi fonde en raison et en justice les poursuites que la nation exerce contre lui, s'il trompe la confiance du roi, s'il agit contre l'utilité publique.

Jusqu'alors la théorie de la responsabilité a présenté un solide appui au ministre, et l'a environné comme d'un rempart; mais plus elle lui a été favorable, plus elle devient sévère. Ici commence la sanction pénale de la responsabilité ministérielle.

Je ne parlerai point de la procédure; je

laisse à de plus habiles cette partie délicate et épineuse de la loi, qui d'ailleurs se rattache à un des articles les plus importans de la constitution représentative, le droit de pétition. Je ne veux que hasarder quelques observations sur la manière de définir les délits et d'appliquer les peines.

M. le garde des sceaux a dit, en présentant le projet de loi : « L'on conçoit qu'en certaines « circonstances il soit utile ou même néces- « saire de spécifier, c'est-à-dire de désigner « nommément, comme cas de trahison et de « concussion, certains faits énoncés dans des « lois particulières. C'est ainsi qu'une loi de « finances a récemment marqué spécialement « du caractère de concussion quelques malver- « sations qu'elle détermine; c'est ainsi que de « nouvelles lois pourront occasionellement in- « criminer, comme faits de trahison, des actes « qu'elles détermineront également. Mais ce « que nous ne saurions comprendre, mes- « sieurs, ce qui ne nous semble pas moins « dangereux qu'impossible; car, en pareille « matière, il est dangereux d'entreprendre tout « ce qu'il est impossible d'exécuter, c'est de « vouloir donner à la disposition dont il s'a- « git, son effet, en spécifiant tous les faits,

« pour lesquels les ministres pourront être
« accusés, soit par une énumération complète
« des cas, soit par un certain nombre de clas-
« ses, qui en renferment l'universalité dans des
« définitions générales. Cette entreprise, des
« deux parts aussi vaine que laborieuse, jette-
« rait nécessairement le législateur dans l'al-
« ternative ou de descendre à des détails mi-
« nutieux, qui, toujours incomplets, malgré
« leur multiplicité, fourniraient un plus grand
« nombre de prétextes à la passion, sans don-
« ner plus de secours à la justice, ou de s'ar-
« rêter à de vagues généralités qui auraient
« tous les défauts de la spécification sans en
« avoir les avantages, laisseraient, dans les
« termes de la loi, à l'interprétation une car-
« rière, où elle saurait bientôt se mettre aussi
« à l'aise que dans les termes de la Charte
« même, et joindraient enfin à l'inconvénient
« de créer des crimes prétendus, celui d'en
« omettre souvent de réels.

« C'est ici, messieurs, que la force de la rai-
« son nous commande de nous en remettre à
« une juridiction d'équité, et que l'intérêt de
« la justice même réclame l'intervention de
« l'arbitraire. Ce mot n'a rien ici de redouta-
« ble entre les mains à qui la loi le confiera.

« Dans cette occasion, l'arbitraire ne sera pas « une arme dangereuse. »

Ce serait assurément une ridicule témérité à moi, avec tant d'inexpérience, que de prétendre faire la leçon à un magistrat si éclairé, et de rappeler les maximes du droit public à un homme consommé dans la science de la législation et du gouvernement. Je ne lui citerai donc ni Montesquieu, ni Blackstone, ni Beccaria, ni Filangiéri, ni tant d'autres écrivains, dont il a mis les maximes en pratique; mais qu'il me soit permis d'exprimer l'étonnement qui m'a frappé, lorsque j'ai lu ses dernières assertions. Quelque respectable que soit le caractère d'un tribunal, je croyais que, dans un gouvernement constitutionnel, jamais on ne devait commettre aux juges le soin d'interpréter la loi, à plus forte raison le droit de la faire : c'est faire un acte législatif que de suppléer au silence de la loi. Alors chaque jugement serait une loi; et lorsqu'aux termes de l'article 21 du projet, *le procureur-général près la Cour des Pairs viendrait à donner ses conclusions* après les débats, *et à requérir l'application de la peine*, dans quelle disposition de la loi trouverait-il le cas prévu? Dans quelle, la peine fixée? Quel texte lui prescrirait son opinion et réglerait son choix? Il n'invoquerait que l'indéfini, il ne s'appuierait que sur l'arbitraire; avant de faire une application, il faudrait créer un statut. Son plaidoyer serait donc un projet de loi; il prendrait en quelque sorte l'initiative royale, dans cette législature nouvelle, et la Chambre des Pairs se serait convertie en cour de juridiction, pour s'arroger les droits de la souveraineté législative.

Ces deux termes de la Charte, *trahison* et *concussion*, désignent-ils, je ne dis pas tous les délits, mais tous les genres de délits dont on a droit d'accuser les agens du pouvoir exécutif et du pouvoir judiciaire, dans un gouvernement constitutionnel? Présentent-ils des idées précises et nettes, les mêmes idées à tous les hommes? Ne serait-il pas possible d'en étendre ou d'en resserrer la signification par des interprétations, par des exemples, par des autorités de la jurisprudence ancienne et moderne? Si l'on s'attachait à la lettre et non à l'esprit de la Charte, ces deux mots seuls ne sembleraient-ils pas promettre l'impunité aux violateurs de plusieurs droits sacrés? Car la loi absout, lorsqu'elle ne condamne pas; et à moins de regarder comme une trahison ou comme une concussion l'abus de pouvoir qui aurait privé injustement un citoyen de sa liberté ou de sa propriété, sans qu'il y eût exaction ou vénalité dans le fait du coupable, on chercherait vainement, dans le texte de la loi, la réprobation d'un tel délit.

La haute sagesse qui a dicté la Charte, n'a point voulu qu'on oubliât de protéger les particuliers, en faisant des lois pour la sûreté de l'Etat. Le père de la patrie ne jette pas un regard indifférent sur les hommes en masse, comme sur un troupeau ; sa tendre sollicitude considère chaque citoyen en particulier comme un de ses enfans. Il sent que, si l'honneur de la vie politique est la passion d'un peuple généreux, la félicité de la vie domestique et privée, cette félicité qui n'existe pas sans la sécurité, est le but où aspirent tous les hommes. Les grands crimes ne menacent que rarement les états ; ce sont les petites tyrannies dans les petites choses, qui désolent les citoyens tous les jours. Il ne faut point perdre de vue les particuliers, pour ne songer qu'à des intérêts généraux ; l'utilité publique se compose de toutes les utilités individuelles. Le bonheur des hommes, c'est-à-dire l'assurance de n'être point troublé dans la jouissance de sa liberté, de ses biens, voilà l'objet essentiel des lois.

Les hommes se sont réunis en société pour y trouver leur bien-être. Une société civile n'est bonne qu'autant qu'elle satisfait à ce vœu, à ce besoin; c'est là l'intérêt de tous les hommes, dans toutes les conditions, dans tous les momens, dans toutes les situations de la vie. Tout ce qui s'éloigne de cette fin est un vice de législation, auquel conduisent deux espèces d'exagération opposées, le dévoûment fanatique du patriotisme et l'égoïsme de l'orgueil despotique. Le cardinal de Richelieu rendait l'Etat redoutable et glorieux au dehors; mais les sujets, dans l'intérieur, gémissaient de ses vexations. A Lacédémone, les citoyens vivaient dans le plus dur esclavage et dans une gêne continuelle, pour le bonheur de la patrie. Ces deux gouvernemens sont également contraires à la nature : je demanderais à l'un une prospérité plus populaire, à l'autre une prospérité plus humaine.

La loi de la responsabilité ministérielle doit donc, comme les autres lois, et plus encore que toutes les autres, confirmer l'union nécessaire et l'identité trop souvent méconnue du bien public et du bien des particuliers. Elle doit être faite pour maintenir les droits de chaque citoyen contre les excès de toutes les autorités supérieures ou subalternes, aussi-bien que pour préserver l'Etat des entreprises d'une ambition puissante. Une seule loi doit comprendre tous les délits et tous les délinquans : tous les délits, parce qu'ils sont de même nature, des attentats aux droits communs ou individuels des citoyens; tous les délinquans, parce qu'ils sont tous, depuis le ministre jusqu'au dernier officier public, des personnes de même condition, les exécuteurs de la loi. Ils ne diffèrent que par l'étendue des attributions, par l'éclat des titres et de la fortune, par les degrés de la subordination; mais ils portent tous un caractère également respectable; ils sont tous également responsables par les mêmes motifs, pour les mêmes choses, envers les mêmes personnes. Il n'y a qu'une exception relative seulement aux formes. L'éminence et la grandeur des fonctions ministérielles ont demandé, en faveur du ministre et pour l'intérêt même de l'Etat, une procédure privilégiée.

Il s'agit de déclarer les causes et de fixer les degrés de culpabilité. On n'entreprendra point sans doute de spécifier tous les cas; la loi, surchargée d'articles de détail, resterait toujours insuffisante. Il faut des généralités, mais qui n'errent point dans le vague. Si l'on n'a en vue que des malversations et des crimes à rechercher et à prévenir, on ne saurait, avec cette espèce de divination, s'assurer d'avoir tout saisi, tout embrassé. Mais il me semble qu'en considérant les choses sous un autre aspect, on pourrait établir des calculs plus certains sur des données plus positives, et arriver à une solution plus probablement complète. Connaissons d'abord la matière des délits, ensuite nous essaierons de les décrire. Le but de la loi est de protéger, et non de sévir. Elle ne sévit contre les délits que pour protéger des droits. Un délit est la violation d'un droit; un droit est la sanction d'une propriété. La vie, la liberté, les biens acquis sans faire tort aux autres, sont les propriétés naturelles des hommes: c'est ce qui constitue leur existence. De l'union des hommes et de leurs propriétés, s'est formé l'Etat, ou l'existence commune de tous, et en même temps une autre espèce de propriétés, une autre espèce de droits pour les hommes, devenus citoyens et faisant un corps: car l'Etat, considéré comme un être de raison, ne possède rien; il n'a de réalité que dans les hommes qui le composent; ce n'est que par eux et en eux qu'il vit et qu'il a des droits.

Les droits étant constatés et déterminés (et

si l'ordre social réside sur une constitution, ils doivent l'être), la définition et la classification des délits du ministère public se feront d'elles-mêmes par une série d'applications. On divisera d'abord les délits en deux catégories principales :

1° Délits contre l'Etat, ou violation des droits communs;

2° Délits contre les particuliers, ou violation des droits individuels.

Ces deux catégories se soudiviseraient en autant de chefs de délits que les citoyens, placés dans ces deux positions, collectivement ou séparément, ont de propriétés.

Il ne m'appartient pas de remplir la tâche que j'indique : j'oserai seulement hasarder quelques idées générales.

Des délits contre l'État.

L'existence de l'Etat consiste dans ses lois, dans son gouvernement, dans sa population, dans son territoire, dans ses biens meubles ou immeubles.

Le lien de la société civile et le principe de son existence, c'est la constitution. Tenter de détruire ou d'altérer la constitution, c'est entreprendre contre la vie de l'Etat; c'est un homicide public.

La stabilité du Gouvernement fait la sûreté de l'Etat. C'est être criminel envers l'Etat, que de favoriser ou manquer de réprimer les factions qui voudraient attenter à la vie, à la liberté et à la prérogative du roi, ou changer l'ordre de succession au trône.

On est criminel envers l'Etat, comme ennemi de la liberté publique, lorsqu'on suspend la constitution en totalité ou en partie, lorsqu'on fait des levées d'hommes et d'argent au-delà de ce qui est ordonné par les lois, lorsqu'on crée un monopole qui gêne le commerce public.

On doit poursuivre, comme criminels envers l'Etat, ceux qui négligent de prendre les précautions nécessaires et d'employer les moyens accordés par la loi pour empêcher les troubles et les séditions, pour maintenir la tranquillité intérieure, pour assurer les approvisionnemens et la salubrité des subsistances.

Favoriser les invasions ou les desseins de l'ennemi par de secrètes intelligences, exposer les citoyens armés ou non armés aux maux de la guerre, ou à des représailles hostiles, par des provocations téméraires, par des actes offensifs ou par des sévices contraires au droit des gens ou à la foi des traités, ne pas faire les dispositions nécessaires pour empêcher la prise ou le ravage d'une ville, d'une place, d'une partie quelconque du territoire, ou la perte d'une partie de la population armée ou non armée, c'est se rendre criminel envers l'Etat, en compromettant la sûreté extérieure.

On fixerait plusieurs degrés de peines pour chaque espèce de délits. Afin de garder une juste proportion, le législateur, en déterminant la peine, ne la mesurerait pas seulement aux conséquences plus ou moins funestes du délit; il aurait égard à la cause. Il ne confondrait point les crimes commis par trahison avec les fautes de la négligence et de la témérité; les délits s'aggraveraient toujours en raison de la dignité du coupable.

Altérer les monnaies, aliéner le domaine de la couronne ou des communes, sans y être autorisé par une loi; détourner les deniers publics à son profit, les dissiper en profusions, en largesses, en dons illicites; les employer à des usages publics, mais étrangers à leur destination; négliger la perception des revenus, la conservation des biens meubles et immeubles; sacrifier par connivence les intérêts publics à des intérêts particuliers dans les adjudications et dans la réception des ouvrages et fournitures au compte du gouvernement, ce sont des délits contre la fortune de l'Etat.

La perte des droits politiques et civiques, la privation de la liberté seraient les peines de ces délits. Pour ceux qui se compliqueraient de fraude et de vol, on joindrait les marques infamantes et les travaux forcés.

La restitution des deniers dérobés et des gains injustes serait une des suites de la condamnation, mais non une peine.

Délits contre les Particuliers.

Priver un citoyen de la vie, par un jugement contraire aux lois ou par un acte de violence, que la loi ne justifie pas, c'est un assassinat.

Mettre en prison un particulier arbitrairement; l'y retenir au-delà du terme fixé par la loi pour l'instruction ou par un jugement pour une peine; ajouter à la captivité, des rigueurs que ne prescrit point la loi pour la sûreté de la détention ou pour le triomphe de la justice; empêcher quelqu'un de faire ce que la loi ne défend pas; le forcer de faire ce qu'elle n'ordonne pas; le vexer par des poursuites et des contraintes injurieuses, en exécutant un ordre légitime; troubler sa tranquillité par des menaces, par des procès injustes; lui refuser la protection des lois contre ses agresseurs, ce sont des délits contre la liberté du citoyen.

Empêcher quelqu'un d'exercer ses droits civils et politiques, de jouir des avantages et des honneurs de son rang et de son état, ce sont des délits contre la condition du citoyen.

Exiger un salaire pour un ministère qui doit être gratuit; lever des contributions indues, ou commettre des exactions dans la perception des impôts légitimes; détériorer ou diminuer la propriété d'un particulier sous de faux prétextes d'utilité publique, ce sont des délits contre la fortune du citoyen.

Ces attentats doivent être punis par la privation des droits analogues aux droits violés; les actes de tyrannie par l'interdiction des droits civils et politiques et par la perte de la liberté, pour un temps ou à perpétuité; les fraudes et les vols par l'infamie et les travaux publics.

On ne comptera, dans aucun cas, la destitution pour une peine. Ce n'est qu'une précaution prise pour la tranquillité des citoyens. On retire la confiance publique à un homme qui en abuse; on lui ôte un moyen de nuire; ce n'est point une punition.

Les citoyens dénoncent les ministres par leurs pétitions; la Chambre des Députés les accuse devant la cour des Pairs. Quant aux autres officiers publics, il est juste, il est nécessaire que les citoyens puissent attaquer directement et prendre à partie quiconque a violé leurs droits.

Un ordre émané de l'autorité supérieure ne justifie point le subalterne, à moins que ce ne soit un agent d'un ordre si bas, qu'il doive être regardé comme un instrument aveugle de la puissance qui le fait mouvoir. Mais, dans tout autre cas, le magistrat, le fonctionnaire public qui exécute un ordre illégal, et celui qui l'a donné, sont tous deux coupables, l'un comme auteur du délit, et l'autre comme complice. Il faut choisir, ou la responsabilité des subalternes, avec une obéissance volontaire, ou leur obéissance passive, sans responsabilité, c'est-à-dire une responsabilité efficace ou une responsabilité illusoire. Quand on veut protéger sincèrement les citoyens, le choix n'est pas douteux.

C'est par la proscription des abus du pouvoir que l'on consacre l'autorité légitime. Tel est l'esprit du gouvernement constitutionnel : obéissance passive au commandement légal, résistance au commandement arbitraire. L'État ne peut point exister sans gouvernement ; le gouvernement ne peut point exister sans cette obéissance passive au commandement légal, de même que les citoyens ne peuvent pas être heureux sans liberté. Un acte de l'autorité peut être injuste ; mais, s'il est légal (1), il faut se soumettre. Quoique la raison en murmure, quoique la fierté s'en révolte, quoique les plus chers intérêts soient froissés, il faut se soumettre. Les formes, dans les affaires politiques, ainsi que dans les affaires civiles, servent quelquefois de prétexte à la fraude, à la méchanceté, mais elles ne cessent point d'être

---

(1) *Légitime, juste*, et *légal*, sont des mots dont il importe de distinguer la signification : *juste*, indique la nature de l'acte ; *légal*, son caractère extérieur ; *légitime*, l'union de ces deux choses. Un acte peut être juste sans être légal ; mais, sous le régime des lois positives, un tel acte manque d'autorité. S'il est légal sans être juste, c'est un abus qu'il faut souffrir, de peur d'autoriser, dans d'autres circonstances, les sophismes de la mauvaise foi. La perfection d'un gouvernement serait de ne procéder que par des actes légitimes.

conservatrices du droit. Le Gouvernement, s'il n'a point de force, tombe, et entraîne tout dans sa chute. D'où lui viendra cette force nécessaire? Des troupes armées pour le défendre et le soutenir? Ce serait une puissance oppressive. Du génie de ceux qui gouvernent? Ce serait une puissance incertaine, caduque, bornée à l'existence de quelques hommes, sujette aux mêmes accidens que leur vie et leur santé. Cette force doit être éternelle, toujours sûre, toujours égale; elle doit se trouver dans la loi. La force du Gouvernement et le salut de l'Etat sont donc, si je puis ainsi m'exprimer, dans la toute-puissance de la légalité. Mais c'est la mesure du devoir des citoyens; au delà commence le droit de résister; au delà s'arrête la puissance du plus grand ministre devant le moindre particulier, *hucusquè procedes*.

La loi de responsabilité est la promulgation de cet axiome politique. La seule proposition de cette loi est une profession des principes du ministère. Ainsi, il montre l'esprit qui l'anime, et sa résolution de gouverner par la loi et pour le bonheur de tous. Félicitons-le, félicitons-nous de ces intentions libérales; elles promettent au ministère gloire et sûreté, à nous dignité civile et liberté privée, à tout l'Etat cette paix intérieure et cette force au dehors, qui ne peuvent naître que de la parfaite harmonie et de la confiance mutuelle du Gouvernement et des citoyens.

Mais on ne saurait le dissimuler, et les réclamations qui s'élèvent de toutes parts en ont assez averti les ministres; le projet présenté est loin de remplir l'attente publique, et de répondre à leurs nobles desseins. Déjà ils se sont empressés d'accéder au vœu général; ils préparent un second projet de loi concernant les officiers subalternes, complément indispensable et amendement du premier : c'est là que se portent toutes les espérances.

Que demande-t-on? Un gage de sûreté pour l'Etat et pour les particuliers. Si l'on se bornait encore à régler une procédure, sans vouloir fixer d'abord les devoirs des magistrats, pour caractériser ensuite les délits; si on laissait toujours aux ministres la faculté de prendre sur eux la responsabilité de leurs subordonnés (1), la procédure deviendrait inutile,

(1) C'est ce que le discours de M. le garde des sceaux fait entendre, et ce que le projet de loi ne contredit point. Ici, comme dans tout le reste, le fait ne

et la loi sans effet. Si, dans la crainte qu'il n'échappât quelques omissions, on aimait mieux

---

s'accorde pas avec l'intention, le moyen avec la fin. « C'est peu de prévenir les abus dans les hautes par-« ties de l'administration ; le plein effet de la respon-« sabilité ministérielle doit être d'établir et de réaliser « celle même des derniers agens de l'autorité, en sorte « qu'il ne puisse se commettre dans tout le gouverne-« ment une seule prévarication, sans que la loi s'en « saisisse aussitôt pour la punir. » (*Discours de M. le Garde des Sceaux.*)

Il est difficile d'énoncer avec plus de franchise une plus louable maxime ; mais de quelle manière pense-t-on arriver au but désiré ? M. le garde des sceaux l'a-t-il expliqué ?

« Admettons, en effet, qu'un ministre, par une di-« rection perfide, ait poussé au crime ou au délit les « fonctionnaires qui lui sont subordonnés, et en soit « ainsi le premier auteur ; ou bien supposons que, « connaissant plus tard le crime ou le délit, le mi-« nistre l'ait sciemment approuvé, et soit prêt à s'en « rendre en quelque sorte le complice, il ne peut plus « désormais abriter les coupables sous un refus arbi-« traire d'autorisation de poursuivre ; il compromet-« trait par-là sa propre responsabilité ; il encourrait « lui-même l'accusation. »

Le particulier serait donc toujours obligé de se pourvoir d'abord par-devant le ministre. Le particulier, au lieu d'avoir affaire à l'autorité subalterne qui jeter dans le vague les objets de la loi, et abandonner les applications à l'arbitraire, que de citoyens pourraient appréhender, en d'autres temps, sous une administration moins sage et moins équitable (car les hommes passent, et les lois restent), d'être exposés aux perfidies de l'esprit de parti, aux prévarications de la haine, aux persécutions d'une timidité soupçonneuse, aux importunités des inquisitions de département et des dictatures de village, aux calomnies des discours et des écrits semi-

---

l'aurait vexé, se trouverait en présence du ministre; il serait loisible au ministre de livrer ou de dérober à la vindicte le coupable; il ne serait forcé de rendre justice que par la crainte d'une accusation. Mais qu'on lise la loi, que l'on considère les formalités imposantes de la procédure, qu'on se mette à la place des députés, qui hésiteraient, avec raison, à intenter une action d'une telle conséquence pour une lésion individuelle, peu importante en comparaison des inconvéniens de la poursuite, de la difficulté des circonstances, de l'appareil d'un jugement si grave et si solennel, on se convaincra que beaucoup de petites injustices éluderaient le bénéfice de la Charte, et que souvent les particuliers eux-mêmes, rebutés des longueurs et des embarras de l'entreprise, renonceraient à l'espoir d'obtenir une réparation après un refus du ministre.

officiels, aux fureurs d'un zèle indiscret, qui croit honorer Dieu en tourmentant les hommes, et servir le roi en tyrannisant les citoyens?

Toutes les bouches répètent aujourd'hui ces questions : la responsabilité s'arrêtera-t-elle aux actions personnelles, et ne s'étendra-t-elle pas à tout l'ensemble de la gestion et aux opérations des subordonnés? Y aura-t-il des peines assurées pour chaque violation de droit? Quiconque se croira lésé, aura-t-il la faculté d'en demander raison directement à celui de qui il aura reçu le tort ou l'offense? Les procès de responsabilité seront-ils privilégiés pour tous les fonctionnaires publics, de manière que les citoyens, dans ce cas, soient détournés de leurs juges naturels? L'intervention du Conseil d'Etat ou du Gouvernement entre les délégués du pouvoir exécutif et les particuliers, rendra-t-elle le Gouvernement juge et partie dans tous les procès de responsabilité? L'autorité du ministre pourra-t-elle couvrir la responsabilité des subalternes, opposer la masse effrayante d'une si grande puissance aux offensés, et les réduire à souffrir en silence ou à faire d'une injure particulière un procès national? Le nouveau projet va répondre à ces questions.

Déjà plusieurs lois ont reconnu les vrais principes de la responsabilité, relativement aux gendarmes et aux percepteurs des contributions. Mais en autorisant tout citoyen lésé à poursuivre criminellement ces agens subalternes, elles n'ont pas voulu les laisser sans recours et sans garantie; par une conséquence nécessaire, la responsabilité doit remonter aux magistrats qui sont les vrais auteurs de l'acte illégal. Il n'y a donc plus qu'à convertir des dispositions partielles en une loi générale, pour satisfaire à l'esprit libéral de la Charte.

Les législateurs n'oublieront pas que la responsabilité est l'appui du faible et le refuge de l'opprimé; qu'elle défend la chaumière du plus obscur citoyen comme la fortune de l'Etat tout entier; qu'elle doit être accessible et facile à tous, et que, quand le Gouvernement n'a pas besoin de soutenir les injustices et le despotisme de ses agens, il faut se garder de faire tomber dans le doute et dans l'arbitraire les droits des citoyens; et y a-t-il un droit plus incontestable que celui de demander juridiquement réparation du mal à la personne qui l'a fait? Les législateurs sentiront que si l'on ne veut point que la loi de responsabilité paraisse une dérision, la garantie politique un vain nom, la liberté des citoyens un fantôme, et si l'on n'a pas dessein de retirer d'une main le secours qu'on offre de l'autre, il ne faut pas trop allonger les voies de la justice, les rendre escarpées et tortueuses, les semer d'obstacles et de piéges. Autrement, le bienfait de la responsabilité ressemblerait à cette épée mystérieuse qu'Egée avait déposée sous un rocher pour son fils ; il fallait toute la force de Thésée pour soulever la pierre ; il n'était pas donné au commun des mortels de toucher à cette arme.

FIN.

DE L'IMPRIMERIE D'ADRIEN EGRON,
rue des Noyers, no 37.

www.ingramcontent.com/pod-product-compliance
Ingram Content Group UK Ltd.
Pitfield, Milton Keynes, MK11 3LW, UK
UKHW032010260826
14628UKWH00005B/2396

9 782014 021707